| Name | Comment |
|---|---|
|  |  |

| Name | Comment |
| --- | --- |

| Name | Comment |
| --- | --- |
| | |

| Name | Comment |
| --- | --- |

| Name | Comment |
| --- | --- |
| | |

| Name | Comment |
| --- | --- |

Name | Comment

| Name | Comment |
| --- | --- |

| Name | Comment |
| --- | --- |
| | |

| Name | Comment |
|------|---------|
|      |         |

| Name | Comment |
|------|---------|
|      |         |

| Name | Comment |
| --- | --- |
|  |  |

| Name | Comment |
|------|---------|
|      |         |

| Name | Comment |
|------|---------|
|      |         |

Name

Comment

| Name | Comment |
|------|---------|
|      |         |

| Name | Comment |
| --- | --- |
| | |

| Name | Comment |
| --- | --- |
| | |

| Name | Comment |
|------|---------|
|      |         |

| Name | Comment |
| --- | --- |

| Name | Comment |
|------|---------|
|      |         |

| Name | Comment |
|------|---------|
|      |         |

| Name | Comment |
|------|---------|
|      |         |
|      |         |
|      |         |
|      |         |
|      |         |
|      |         |
|      |         |
|      |         |
|      |         |
|      |         |
|      |         |
|      |         |
|      |         |
|      |         |

| Name | Comment |
| --- | --- |
| | |

| Name | Comment |
|------|---------|
|      |         |

| Name | Comment |
|------|---------|
|      |         |

| Name | Comment |
| --- | --- |
| | |

| Name | Comment |
|------|---------|
|      |         |

Name

Comment

| Name | Comment |
|------|---------|
|      |         |

| Name | Comment |
| --- | --- |
| | |

Name

Comment

| Name | Comment |
|------|---------|
|  |  |

| Name | Comment |
|------|---------|
|      |         |

| Name | Comment |
| --- | --- |
| | |

| Name | Comment |
| --- | --- |
| | |

| Name | Comment |
| --- | --- |
| | |

| Name | Comment |
|------|---------|
|      |         |

| Name | Comment |
|------|---------|
|      |         |

| Name | Comment |
| --- | --- |
| | |

| Name | Comment |
|------|---------|
|      |         |

| Name | Comment |
|------|---------|
|      |         |

| Name | Comment |
|------|---------|
|      |         |

| Name | Comment |
| --- | --- |
| | |

| Name | Comment |
|------|---------|
|      |         |

| Name | Comment |
| --- | --- |
| | |

| Name | Comment |
|------|---------|
|      |         |

| Name | Comment |
|---|---|
|  |  |

| Name | Comment |
|------|---------|
|      |         |

| Name | Comment |
| --- | --- |
| | |

| Name | Comment |
| --- | --- |
|  |  |

| Name | Comment |
| --- | --- |
| | |

| Name | Comment |
| --- | --- |
| | |

| Name | Comment |
|------|---------|
|      |         |

| Name | Comment |
|------|---------|
|      |         |

| Name | Comment |
| --- | --- |

| Name | Comment |
| --- | --- |
| | |

| Name | Comment |
| --- | --- |
| | |

| Name | Comment |
| --- | --- |
| | |

| Name | Comment |
| --- | --- |
| | |

| Name | Comment |
|------|---------|
|      |         |

| Name | Comment |
| --- | --- |
| | |

| Name | Comment |
|------|---------|
|      |         |
|      |         |
|      |         |
|      |         |
|      |         |
|      |         |
|      |         |
|      |         |
|      |         |
|      |         |

| Name | Comment |
| --- | --- |
| | |

| Name | Comment |
|------|---------|
|      |         |

| Name | Comment |
|------|---------|
|      |         |

| Name | Comment |
| --- | --- |
| | |

Name

Comment

| Name | Comment |
|------|---------|
|      |         |

| Name | Comment |
|------|---------|
|      |         |

www.ingramcontent.com/pod-product-compliance
Lightning Source LLC
Chambersburg PA
CBHW041606260326
41914CB00012B/1406

9 781839 900662